AF338673

Deux Congrès

Par Jules CAUVIÈRE

ANCIEN PROCUREUR DE LA RÉPUBLIQUE

PROFESSEUR A L'INSTITUT CATHOLIQUE DE PARIS

PARIS

P. LETHIELLEUX, LIBRAIRE-ÉDITEUR

10, RUE CASSETTE, 10

Deux Congrès

Deux Congrès

Par Jules CAUVIÈRE

ANCIEN PROCUREUR DE LA RÉPUBLIQUE

PROFESSEUR A L'INSTITUT CATHOLIQUE DE PARIS

PARIS

P. LETHIELLEUX, LIBRAIRE-ÉDITEUR

10, RUE CASSETTE, 10

AVANT-PROPOS

Pour justifier la réimpression de pages qui datent de trois et quatre ans, quelques mots d'explication paraîtront nécessaires.

Deux événements frappent en ce moment l'attention : la persécution religieuse déchaînée en France, l'agitation révolutionnaire qui fait rage en Russie.

Les Français, qui souffrent et qui s'attendent à souffrir davantage encore dans la pratique de leur Religion, pourront puiser plus d'une leçon dans l'exemple donné par leurs voisins d'Outre-Rhin. Le Congrès des Catholiques allemands, tenu en 1903, a brillé d'un éclat tout particulier, et, grâce à lui, on peut se rendre un compte exact de la loyale et habile politique qui a permis aux victimes du Kulturkampf de Bismarck de résister si efficacement que leur victoire complète n'est plus qu'une question de jours.

En face de ce spectacle consolant, il en est un autre plein d'angoisse. Sous l'action d'une propagande infernale, organisée par des forcenés qui détruisent sans seulement se demander par quoi ils remplaceront, le peuple russe est devenu méconnaissable ; c'est ce que nous apprennent les rapports des voyageurs depuis deux ans. Le Congrès pénitentiaire de 1902, dont le siège était à Saint-Pétersbourg, mais qui nous donna l'occasion de faire un long circuit dans l'Empire russe, nous permettra de parler à nos lecteurs d'Helsingfors, de Moscou, de Kiev, toutes villes sur lesquelles l'Europe a les yeux fixés. Il sera intéressant de comparer l'état d'esprit, les paisibles préoccupations qui régnaient alors, dans ces ateliers de savoir et de travail, avec le délire anarchique qui tourne en ce moment tant de têtes.

Voilà qui excusera le rapprochement de deux sujets qui semblent bien étrangers l'un à l'autre. Il faut d'ailleurs songer que la Religion et le Droit criminel ont de nombreux points de contact. Il n'est pas de matière, plus que la Science pénale, où l'on sente, à toutes les époques, l'influence bienfaisante de l'Église et le besoin social et individuel de cet incomparable agent de moralisation.

Un mot encore. Les lettres que nous publions ont paru dans le Journal des Débats. Il faut en excepter la première, écrite en Danemark, mais maladroitement confiée, deux ou trois jours plus tard, à la Poste norvégienne, qui ne passait pas, à ce moment, pour fort exacte dans le service et qui probablement a perdu le pli. Bien que elle ne soit pas arrivée à destination, nous l'insérons avec les autres. Au texte primitif, là comme ailleurs, nous avons fait quelques additions et quelques légères retouches. Cela soit dit pour mettre à couvert la responsabilité du journal qui nous prit pour correspondant et à qui nous devons des remerciements pour cette marque de confiance.

Le Congrès pénitentiaire

Premier article.

Copenhague, 7 septembre 1902.

Hier matin, lorsque notre bateau entra dans la rade danoise, il était six heures environ. De la dunette, où se hâtaient de monter, la jumelle en main, de rares passagers, on voyait curieusement surgir au-dessus de l'eau et défiler, comme dans le cadre d'un cinématographe, des îles verdoyantes tachetées de proprettes et blanches habitations. La longue ligne de côte apparaissait bordée de moulins, manifestant déjà l'activité industrielle de la population. Des barques de pêche aux voilures diversement colorées animaient l'entrée du port. Un gai soleil faisait vibrer au loin le rouge vif des briques qui revêtent de nombreux édifices et il attachait une aigrette scintillante à l'aiguille effilée des clochers. A droite, à demi noyés dans une buée grise, les escarpemer' élevés des rivages de la Suède. Plus prè. de nous, un promontoire au pied duquel nous passons pour entrer dans le port. Ses verts gazonnements sont bordés par des ouvrages militaires, courtines et bastions.

La douane est débonnaire ; elle visite à peine les bagages et semble compâtir aux épreuves des voyageurs qui ignorent l'idiome local. Hélas ! ils sont légion. Songez que le seul nom de la capitale du Danemark suffit déjà à mettre nos premières notions en déroute. Nous disons, en français, *Copenhague,— Kopenhagen*, en allemand. Vous doutez-vous de la physionomie danoise du mot : *Kjöbenhavn ?* Tout le reste est à l'avenant.

Une voiture, large et confortable plutôt que luxueuse, nous mène, en une demi-heure, aux environs de l'Hôtel de Ville, quartier largement découvert, planté de belles avenues d'arbres et où se groupent d'honnêtes et bons hôtels.

En cheminant nous donnons un regard à une place singulière d'aspect, qui s'évase en ellipse ; nous apercevons un théâtre ; nous admirons l'animation qui règne sur un vaste pont, point central de la circulation urbaine. Ce pont, où tout le monde passe, comme sur le *Pont d'Avignon* de jadis, nous rappelle, par un très lointain mais très exact rapprochement, le fameux pont, si tumultueux, si bariolé de costumes, si. pittoresquement accidenté, de la Validé Sultane, à Galata. A cette heure matinale, les voies publiques sont sillonnées de bicyclistes, en costume féminin. Ce sont les ouvrières qui se rendent à leur travail.

...Mais vous n'attendez pas de moi une description, que vous trouverez dans tous les *Guides*. Je voulais noter au vol la première impression que m'ont faite ce gentil pays, ce peuple vif d'allure et prompt d'intelligence, dont l'activité commerciale a créé le grand entrepôt du Nord pour le beurre et le laitage, dont l'activité scientifique répand l'instruction à flots, dont la sage politique couvre d'une large tolérance les progrès du Catholicisme. A la messe du dimanche, ce matin, nous remarquions un groupe de Sœurs de Chambéry accompagnant leur petite escouade d'élèves, et c'est la honte au front que nous voyions un pays protestant offrir une patrie d'adoption aux saintes institutrices que la France traite en marâtre. La population catholique se monte à environ quatre mille âmes, à Copenhague. Parmi les éphèbes à la casquette blanche, à la gravité toute septentrionale, qui suivent les cours de l'Université, un certain nombre appartiennent déjà à notre confession religieuse. Mais le personnel professoral est entièrement protestant. Quelques-uns sont notoirement athées.

Je renonce à vous parler de la beauté intérieure de l'Hôtel de ville, de l'intérêt des musées, des chefs-d'œuvre si purs d'exécution, si profondément grecs de sentiment, qu'a semés le ciseau de Thorwaldsen, le plus illustre enfant du Danemark. Ces chefs-d'œuvre sont réunis pour la plupart dans un beau bâtiment qui porte son nom. Je ne vous dépeindrai pas les curiosités historiques du château de Rosenborg, le jardin zoologique, les parcs ombreux où de vertes futaies tamisent et diffusent dans une atmosphère embaumée l'or en fusion du soleil couchant. Je ne dois pas oublier le but austère qui nous amène. Nous sommes des criminalistes, venant prendre contact avec des collègues et des confrères et faisant une première étape sur la route qui mène à Saint-Pétersbourg.

Le contact commence, comme de coutume, à table, et les faiseurs de jeux de mot nous raillent en nous traitant *d'hommes de palais.* Ces réunions gastronomiques ont cependant leur raison d'être. Un de nos évêques les plus méritants ne montait jamais à la tribune sans avoir assuré ses moyens oratoires par un repas *de résistance.* Il semble que l'hospitalité danoise a voulu nous armer pour les joûtes et les discussions juridiques que nous aurons bientôt à soutenir. Vous dire l'éclat du festin qui nous fut donné par l'élite de l'Université, de la Magistrature et du Barreau, nous entraînerait bien loin. Nos hôtes eurent l'aimable coquetterie de nous entretenir en français, et c'est en français que furent portés les toasts les plus gracieux, par la bouche de MM. Torp, Horn, Adolf Paos, Ussing, Jouet de Tis, Dr Ehler, d'autres encore dont je crains d'écrire et d'estropier le nom. Tous se plurent à exprimer dans notre langue la vive sympathie qui unit deux peuples déjà disposés à fraterniser par leurs qualités intellectuelles. A ces compliments de bienvenue il fut répondu, dans les meilleurs termes, par l'inappréciable secrétaire de la Société des prisons, M. Rivière, par des professeurs comme MM. Garraud et Larnaude, par des magistrats comme M. Albanel.

Les satisfactions du goût (pour continuer le jeu de mots) nous furent données sous toutes les formes. Nous nous applaudîmes aussi de l'heureuse initiative qui convoqua à notre banquet un élégant personnel féminin, la princesse Valdemar du nombre. Nos commensales n'eurent pas besoin de recourir à l'expédient imaginé, un jour, par une personne distinguée de la Société danoise, une espiègle jeune femme, que l'on m'a montrée dans un groupe, et qui tenait beaucoup à assister à une réunion exclusivement masculine de jurisconsultes. Cette fille d'Ève n'hésita pas à ceindre le bonnet de servante et à revêtir bravement le tablier. Elle passa les plats sous ce déguisement. Quand on songe que les étudiants français trouvent la science du Droit si rébarbative, on se demande comment elle a pu conquérir à ses pontifes (*sacerdotes*, disait Ulpien) une sympathie féminine aussi industrieuse et aussi déterminée.

Un fonctionnaire éminent de l'Administration pénitentiaire, M. Stener-Grundtvig, nous avait signalé avec quelque inquiétude le mouvement croissant de la criminalité. Effet de l'alcool, ici comme ailleurs, a-t-on dit, et ce n'est pas dire assez. Pour se rendre compte de la situation, pour justifier aussi leur excursion un peu capricieuse en Danemark, les congressistes firent la visite des prisons. C'est d'ailleurs un devoir auquel ils n'ont jamais manqué, au cours de leur promenade à travers l'Europe. Souhaitons que les Préfets, les magistrats du Parquet, pour qui ces visites sont, non pas une curiosité de philanthrope, mais un devoir professionnel, s'inspirent un peu de notre exemple. A bon entendeur salut !

Le Congrès pénitentiaire

Second article

Helsingfors, le 14 septembre 1902 [1].

La belle et monumentale capitale de la Finlande offrait un aspect particulièrement animé. Il faut savoir que c'était le jour de la rentrée des Facultés. Une longue file d'étudiants, et aussi d'étudiantes parfaitement correctes d'allures, les uns et les autres coiffés de la jolie casquette blanche à lyre d'or, se rendait, professeurs en tête, à une cérémonie religieuse, pour inaugurer la nouvelle année scolaire. Les vacances finissent avec les beaux jours, et les beaux jours durent trois mois dans ce pays-ci. L'Université clôt ses exercices annuels et les rouvre plus tôt qu'en France: elle permet ainsi à la gent écolière de prendre ses ébats champêtres dans la meilleure saison. Le

1. Voir *Journal des Débats* du 21 septembre 1902.

temps marquait comme à plaisir le changement de vie qui se prépare. Ce n'était hier et aujourd'hui que rafales et ondées, entrecoupées par des éclaircies de soleil splendides, qui faisaient reluire en perles et en émeraudes la délicieuse fraîcheur des pelouses. Encadré dans les masses architecturales d'Helsingfors, relevé par la perspective des îles qui parent, comme une ceinture, la double enceinte des ports, ce spectacle charmait les voyageurs.

Des voyageurs la majeure partie était composée de Français qui se rendent au Congrès de Saint-Pétersbourg. Leur exode se poursuit avec des fortunes diverses. Mais, ce qui ne change pas, c'est l'excellent accueil qu'ils reçoivent partout. Hier encore, sous la présidence de M. Mechelin, ancien sénateur et professeur honoraire de l'Université, un banquet nous était offert dans l'île de Klippan, lieu de plaisance qui rappelle l'établissement renommé de la Réserve, à Marseille.

De ce belvédère aérien un imposant panorama se déroule. Un point noir apparaît dans le tableau. On nous désigne, à mi-voix, une maison qui met en évidence l'antipathie persistante des Finlandais pour le Gouvernement russe. Cette maison sert de refuge aux fonctionnaires, frappés d'ostracisme par les propriétaires indigènes, bailleurs d'appartements.

Les plus éminents représentants de la science, de la littérature, de l'art, de l'Administration finlandaise avaient convié nos compatriotes. M. Mechelin et le très-aimable consul de France à Helsingfors, M. Pradère-Viquet, s'étaient même hâtés, la veille, sous une pluie battante, de nous offrir, à la gare, leurs compliments de bienvenue. Au banquet du 13 assistaient MM. les professeurs Lang, Hermanson, baron Wrede, de Cretenfeld, Chydenius, M. Rennval, époux d'une cantatrice en renom, Mme Acté, M. Edelfelt, qui a obtenu au Salon de Paris la plus haute récompense et qui est aussi pour la France un enfant d'adoption. Nommons encore MM. Wegelins, Perret, Homete, Boisman, Nybergh, Jœderholm, de Pfaler, docteur Ignatius. Nous n'en finirions pas si nous voulions épuiser la liste. La France était brillamment représentée par MM. Feuilloley, Garraud,

Larnaude, Berthélemy, Albanel, Rivière, etc. On a préludé au repas principal par une pittoresque entrée en matière, par un préambule gastronomique, nommé smœsjosbord en suédois et zakouski en russe. Il consiste à enlever, debout, à la pointe de la fourchette, une appétissante série d'entremets variés. Puis on a passé dans la salle à manger, artistement décorée à la mode du pays. De jolies toilettes féminines jetaient une note tout à fait élégante dans cette réunion, où l'on a savouré des mets exquis, arrosés de vins du Rhin et aussi de crus champenois et bourguignons, hommage flatteur rendu à notre production nationale.

En termes vraiment cordiaux des toasts ont été échangés entre MM. Mechelin, Larnaude, Rivière. La France et la Finlande ont senti leur cœur battre à l'unisson, tandis que l'orchestre nous faisait applaudir les motifs les plus connus de nos airs nationaux.

Tout ne s'est pas passé, à Helsingfors, en divertissements et en joyeuses bombances. La journée du 12 avait été consacrée à la visite de l'Université et à celle de l'établissement distinct qui porte le nom de Bibliothèque de l'Université. On a admiré aussi cette curieuse fondation dite *Maison des étudiants*. Nulle part ne se révèle mieux l'activité intellectuelle du peuple finlandais et son louable zèle pour mettre à la disposition des jeunes gens les ressources d'éducation les plus variées. Une équipée moins gaie, mais rentrant davantage dans le programme des criminalistes, nous conduisait à la maison centrale, dont nous avons apprécié les détails d'organisation, sous la conduite de M. de Forselles et de M. P. Babile, secrétaire-général de l'Administration pénitentiaire.

La journée du dimanche a été employée en partie aux devoirs religieux que la journée comporte, en partie à des excursions pittoresques aux environs d'Helsingfors. Les pèlerins scientifiques se sont divisés en divers groupes. Ceux qui ont prolongé leur séjour à Helsingfors ont été remis en wagon par des Finlandais de marque, notamment par MM. Hermanson et Rennval, qui ont épuisé à l'égard de leurs hôtes de passage les attentions délicates et les aimables procédés.

Le Congrès pénitentiaire

Troisième article

Saint-Pétersbourg, le 24 septembre 1902[1].

Le Congrès des criminalistes s'ouvrait le 4/17 septembre dans une magnifique salle de l'Université, au milieu d'une affluence de Notabilités venues de tous les pays d'Europe. Les dames et les étudiants n'étaient pas les moins empressés à entendre parler notre langue, car le français est adopté comme le meilleur instrument de communication entre les peuples. La plupart des Mémoires ont été lus et toutes les discussions orales poursuivies dans notre idiome. Ce n'a pas été le seul hommage rendu à la France, qui a tenu, on peut le dire, une place prépondérante dans les belles séances du Congrès.

1. Voir *Journal des Débats*, 30 septembre 1902.

Comme il n'y a pas, dans les villes du Nord, et en particulier en Russie, de solennité intellectuelle sans un repas préliminaire, nous avions été magnifiquement traités par les membres de la section russe, dans les beaux salons de Palow, où se sont faites les présentations. Ici, tous les idiomes s'entre-croisaient dans les conversations particulières ; mais ce n'était pas la confusion des langues, c'était plutôt la fusion des cœurs.

Le lendemain, l'habile organisateur du Congrès, M. le sénateur Foïnitsky, cédait le fauteuil de la présidence au ministre de la justice, M. Mourawieff, qui avait tenu à prononcer le discours d'ouverture. Le bureau était constitué, MM. les professeurs von Lizt, de Berlin, et van Hamel, d'Amsterdam, en tête. Nos compatriotes étaient représentés par M. Garraud, le criminaliste si autorisé de l'Université de Lyon, M. Feuilloley, avocat général à la Cour de cassation, tous deux nommés vice-présidents, M. Rivière, ancien magistrat, qui avait été désigné comme secrétaire-général.

La séance d'ouverture fut à peu près

exclusivement consacrée à des discours d'apparat. MM. von Lizt, Garraud, van Hamel exposèrent des idées générales. La discussion ne commença que le lendemain jeudi. Dans l'intervalle se plaça un luxueux raout, qui nous fut donné par la municipalité de Saint-Pétersbourg. Une musique entraînante contribua à échauffer l'enthousiasme ; on sait que les Russes sont des mélomanes passionnés. La salle principale de la *Douma* (Hôtel de ville), éclairée *a giorno*, était sillonnée en tous sens de longues tables, étincelantes de cristaux et de fleurs, et offrait le coup d'œil des mets et des vins les plus appétissants.

Ce gai prélude devait être promptement suivi d'un travail sérieux.

Quelle est l'importance qu'il convient d'attribuer à l'intention mauvaise lorsqu'un délit est commis ? Faut-il frapper davantage le coupable à raison de sa perversité ou doit-on tenir compte seulement du résultat matériel, du trouble que la Société a ressenti ? M. von Liszt a posé la question dans un discours étendu. On sait que les meilleurs criminalistes la résolvent diversement. Les

uns disent : Sévissez d'autant plus fort
que le délinquant est plus corrompu, car
la corruption constitue un danger social.
D'autres répondent : la Société n'est pas
la Divinité elle-même. Dieu nous punit
dans la mesure de notre méchanceté,
qu'Il peut apprécier à fond. La Société,
elle, ne peut au même degré scruter les
consciences. Elle ne doit frapper que en
proportion du dommage qu'elle a subi.
La malice plus ou moins grande du coupable, sa pensée intérieure, ne la regar-
dent pas.

Cette matière un peu spéciale, qui a
suscité de nombreuses observations, a
fait place à un sujet qui intéresse toujours
la masse du public, le patronage. Un
magistrat, particulièrement qualifié pour
en parler, M. Albanel, juge d'instruction
au tribunal de la Seine, M. Berthélemy,
professeur à l'Université de Paris, M.
Rivière ont émis, sur ce sujet, en termes
élégants et précis, les vues les plus intel-
ligentes et les plus justes. La préservation de l'enfance, la moralisation des
condamnés, c'est en deux mots la solu-
tion du problème social. Malheureusement, les philanthropes ne recourent

pas toujours à ces influences religieuses et morales dont nous a entretenus M. l'abbé Reynaud, et qui sont encore, après des siècles, ce que l'on a trouvé de mieux pour retenir ou faire rentrer dans le devoir la pauvre humanité.

Au nom de l'empereur, qui est en ce moment en villégiature, une invitation nous fut adressée, pour le soir, au superbe palais de la Tauride. La grande salle à colonnes vit se dérouler, encadrée par une légion de valets en habit rouge, une longue théorie de congressistes, que présidait le ministre de la justice.

Dans un toast plein de tact, M. Garraud avait parlé de la « politique de la main ouverte, préférable à celle du poing fermé ». M. Mourawieff a attesté que un langage comme celui de M. Garraud ne pouvait venir que de la France, « patrie de l'éloquence et de la parole convaincue ».

Le vendredi, les invitations à dîner ont chômé. Les estomacs ont fait pénitence, mais les langues n'ont pas cessé de marcher. L'instruction préparatoire doit-elle être publique ? Doit-elle être contradictoire ? Quel est le résultat expérimental de la réforme introduite en France par la loi du 8 décembre 1897 ? Cette loi a été défendue par M. Garraud, par M. Feuilloley, qui la regarde comme plutôt bonne dans l'ensemble, et qui a fait valoir avec une rare finesse les avantages qu'elle présente. En revanche, la réforme est repoussée par un groupe russe et elle a été critiquée par un haut magistrat de Hollande, M. le président Engelen, et par M. Tanoviceano, professeur à l'Université de Bucarest, qui a montré la criminalité croissant en Roumanie depuis les emprunts faits à la loi française.

Les observations spirituelles, souvent éloquentes, des deux orateurs ont été appuyées par M. Berthélemy et aussi par celui des membres du Congrès que le *Journal des Débats* avait chargé de le représenter. Il s'est efforcé de montrer que la présence de l'avocat à l'instruction a pour résultat, si ce n'est pour but, d'empêcher l'aveu, preuve sans laquelle certains jurés se refusent à un verdict affirmatif. Il a aussi fait ressortir les entraves que la loi de 1897 apporte à l'expédition des affaires, car elle sème les nullités, et ce n'est que par une sorte de connivence de l'avocat et du juge que l'on voit aboutir l'instruction. On a entendu aussi sur cette grave question, qui avait déjà été agitée, l'an dernier, à Budapest, MM. Albanel et Larnaude. D'ailleurs, le vent souffle dans un sens favorable aux nouveautés, et un récent projet de loi déposé en Belgique a adopté la réforme française. On ne s'étonnera donc pas que des conclusions approbatives de la loi de 1897 aient été votées.

L'ordre du jour a été épuisé avec un certain nombre de questions rapidement tranchées dans la séance du samedi : la réforme de la mise en accusation, la transportation, la procédure sommaire. Distinguons tout particulièrement le douloureux sujet de la *traite des blanches*. La discussion a fait vivement regretter l'absence de M. le sénateur Bérenger, qui s'est occupé de cette plaie sociale avec autant de cœur que d'intelligence. L'odieux trafic international qui étend de plus en plus sa sphère d'action a été vivement décrit par M. Feuilloley. Certaines conclusions de l'orateur ont seulement paru excessives. Mais on a approuvé sans débat les mesures législatives et de police proposées à la Conférence de Paris.

Le Congrès a été clos par un important discours de M. von Lizt sur les facteurs sociologiques de la criminalité et par un résumé des travaux fait avec beaucoup d'aisance et de brio par M. van Hamel.

Pendant l'intervalle des séances les établissements hospitaliers de Saint-Pétersbourg, les prisons, les ateliers de travail, avaient reçu la visite des congressistes. Des étudiants s'étaient chargés de les accompagner et ils faisaient apprécier non seulement leur bon et aimable vouloir, mais plus encore leur parfaite connaissance du français.

Deux invitations nous furent adressées, une pour le samedi soir, au ministère de la Marine, où M. Mourawieff voulut bien nous recevoir ; une autre pour le dimanche après-midi. La municipalité nous ménageait, en effet, la charmante distraction d'une promenade aux îles placées à l'embouchure de la Néva. Malheureusement la température qui, à St-Pétersbourg, varie d'heure en heure,

s'était tout à fait fixée au froid. Le ther-
momètre marquait 3 degrés, et le vent,
qui souffle perpétuellement, rendait cette
première apparition de l'hiver singuliè-
rement importune. Les rhumes ont sévi
dans notre colonie. Beaucoup d'entre
nous ont craint d'affronter les bouffées
glaciales qui partent du golfe de Finlande. Petite privation qui nous rendra
plus sensibles les agréments sans nombre
dont fut favorisé notre voyage en Russie.
Nous garderons surtout de l'accueil dont
nous avons été l'objet un souvenir qui
survivra à notre court séjour dans ce
lointain et si curieux pays.

Le Congrès pénitentiaire

Quatrième article

Cracovie, 29 septembre 1902 [1].

Faut-il ajouter un mot au compte-rendu du Congrès de Saint-Pétersbourg ? Oui, sans doute, puisque le Congrès s'est prolongé sous la forme charmante qu'a donnée à ses réunions l'hospitalité russe. A Moscou, la municipalité, ayant à sa tête le prince Galitzine, a tenu à nous fêter dans un dernier raout, organisé le 22 septembre, à l'Hôtel de ville. Elle a de plus mis à notre disposition, ce jour-là et le lendemain, de magnifiques landaus d'une part, de l'autre tout un personnel aussi instruit qu'obligeant d'étudiants des Facultés.

Cela nous a permis, en dépit d'une pluie désagréable et d'un froid préma-

1, Voir le *Journal des Débats*, 11 octobre 1902.

turé, de visiter paisiblement, dans leur curieux détail, les monuments et les incalculables richesses de la ville sainte des Orthodoxes, de celle que l'on a quelquefois nommée la Rome russe.

D'ailleurs nous avions eu, au sortir même du train, l'honneur d'une réception solennelle dans la belle salle des actes de l'Université. Sur l'estrade avaient pris place, autour de M. le sénateur Foïnitsky et du recteur, M. Alexieff, deux de nos compatriotes, MM. Garraud et Rivière, et, non loin d'eux, le doyen de la Faculté de Droit, M. Douchovsky, le prince Galitzine, un représentant des Sociétés de Bienfaisance, M. Pezevalesky, M. van Hamel, M. Mil. R. Vesnitch, ministre actuel de Serbie à Rome. Parmi les compliments qui ont été échangés, le discours de ce dernier, ancien professeur à Belgrade, nous a particulièrement frappé. Dans un français très pur, sans aucun accent étranger, il a éloquemment fait ressortir le sentiment de la famille qui règne en Russie, ce pays où le tsar est communément appelé *petit père* (batiouchka).

Trois jours après, rendez-vous était

pris à Kiev, où un avocat des plus aimables, M. Arnold Margoline, nous prenait au débarcadère du chemin de fer,
pour nous faire monter dans un yacht
de la Société de navigation du Dniéper
et nous montrer la beauté pittoresque
des rives. A Kiev aussi nous trouvâmes,
le lendemain, de confortables landaus,
qui nous promenèrent à travers les rues
montueuses, et d'ailleurs si proprement
tenues, de l'antique métropole du sla-
visme. Nous admirâmes la vue panora-
mique qui se déploie sur les hauteurs, et
nous fûmes surpris de la ressemblance
de ce paysage fluvial avec le superbe
fjord de Christiania. Outre ses églises,
qui rappellent par le style et la richesse
celles de Moscou, Kiev nous ménageait
la surprise d'un pèlerinage des Petits
Russiens, affublés de leurs costumes
voyants et bariolés, à la Lawra la plus
célèbre de l'Empire. Le 29 était d'ailleurs, dans ce pays, jour de fête chômée
pour tous les cultes chrétiens. L'église
catholique, qu'il est question d'agrandir,
regorgeait de fidèles, et, dans le nombre,
les Polonais de passage se signalaient
par leur foi ardente et démonstrative.

Ainsi s'est terminée notre odyssée officielle de congressistes. Un discours de M. van Hamel avait clôturé les travaux, et certains Allemands n'étaient pas fâchés de voir que les Français n'avaient pas eu la parole les derniers. La France n'a rien perdu à ce fait accidentel. Au banquet de la Tauride, à Saint-Pétersbourg, je ne sais comment, sur la liste des toasts à porter, les Français n'avaient pas été désignés. Un haut personnage officiel fit réparer cette omission. M. Garraud prit la parole en notre nom, et nous avons dit en quels termes significatifs, sous quelle forme flatteuse répondit le ministre, M. Mourawieff.

Ces détails feront plaisir en France. Jugez de l'intérêt qu'on y prend quand on est à l'étranger.

———

Les Associations d'artisans
en Allemagne

Trèves, le 10 août 1903 [1].

La silencieuse et pieuse cité, la plus vieille de l'Allemagne, était ébranlée, samedi soir, et dimanche matin dès l'aube, par l'ouragan déchaîné de ses plus bruyants carillons. Il s'agissait de célébrer le cinquantième anniversaire d'une magnifique fondation corporative.

On sait quelle est l'importance de l'association au-delà du Rhin. Tout comme dans l'armée prussienne, l'individu peu être impunément de valeur médiocre et emprunte une vertu singulière à l'encadrement et à la discipline, ainsi l'ouvrier allemand, soumis à une organisation puissante, devient une force sociale, et, au besoin, un élément de résistance avec lequel le Pouvoir central doit compter.

1. Voir le *Journal des Débats* du 17 août 1903.

Les catholiques, longtemps victimes du Kulturkampf, ont su profiter de cet instinct, de ce besoin de groupement propres à la race germanique. On a vu le grain de sénevé jeté, il y a un demi-siècle, par Kolping, devenir un arbre magnifique.

Voici malheureusement le revers de la médaille.

Comme les groupements locaux se « fédèrent » avec un parfait ensemble et se rattachent à un noyau central placé au cœur de l'Allemagne, il arrive que le patriotisme provincial cède à l'idée envahissante de la nationalité germanique.

Le résultat est inquiétant, surtout en Lorraine.

Aussi la fête d'hier, où figuraient quelques bannières de ce pays, a-t-elle été attristée, pour nous, par de douloureuses considérations. En soi, d'ailleurs, elle a été belle. Les délégués des diverses corporations de Trèves et des pays voisins ont défilé, bannières déployées, sous le porche de la cathédrale. Ils ont occupé le chœur et une grande partie de la nef centrale, dans le curieux vaisseau aux architectures entremêlées, qui se trouvait trop étroit pour la masse des fidèles accourus. Le Saint-Sacrifice a été célébré en grande pompe par Mgr Korum, évêque du diocèse. On a entendu de bonne musique. La messe était de Piel, l'offertoire : *Tu es Petrus*, de Palestrina.

Après l'office, la procession s'est rendue au *Treviris*, où devait se tenir une importante séance.

Le Tréviris est un vaste et riche local, doté notamment d'une salle de fête qui a coûté 500 000 marks. Il a été acquis par des actionnaires catholiques, qui consentent à laisser aux œuvres ouvrières le surplus de leurs dividendes, passé le profit du 5 0/0. C'est le lieu de réunion naturellement désigné aux assemblées religieuses. On peut y prendre ses repas, et l'organisation rappelle un peu celle d'un cercle.

L'orchestre, composé d'amateurs, était remarquable, comme il l'est dans toute ville allemande. Il a attaqué avec précision et vigueur des fragments de Wagner, d'Hermesdorf et d'un auteur du pays, fort estimé dans ce milieu de mélomanes, Rudolf. Celui-ci dirigeait les exécutants : c'est d'ailleurs un modeste ouvrier.

M. l'abbé Grünewald, chef des groupes de la région de Trèves, a, d'après les données mêmes de l'expérience, loué les bienfaits de l'Association et mis en garde ses frères contre le danger du socialisme. Il a parlé en homme d'action, sans prétention, sans embarras non plus, et avec un entier détachement de l'applaudissement public, qui, cependant, l'a salué à plusieurs reprises. Il a fait précéder son discours d'une formule touchante, habituelle en ces cérémonies : *Gelobt sei Jesus Christus* (Loué soit Jésus-Christ !) L'auditoire répond : *In Ewigkeit !* (Pour l'éternité !).

En Mgr Korum nous avons admiré un véritable orateur. Cet orateur, d'âme et de naissance françaises, n'a consenti que sur l'ordre du Pape à quitter Strasbourg pour monter sur le siège épiscopal. Par contraste avec ses confrères allemands, il n'a pas prêté serment de fidélité à l'empereur.

On connaît son zèle, qui le retient souvent au confessionnal jusqu'à une heure avancée de la soirée et qui souvent aussi le conduit dans les plus humbles villages, où il fait le catéchisme aux enfants. Ce que l'on sait moins, c'est son tact, son esprit d'à-propos, ses rares facultés d'improvisateur, *ars ex tempore dicendi*, dont il a donné, hier, une preuve nouvelle. Une physionomie pleine d'expression, un geste ample qui dessine sa pensée, un débit fortement accentué ont contribué au succès de son éloquence et remué ses auditeurs, et dans le nombre des Français de passage, si peu familiarisés qu'ils fussent avec le parler allemand.

Un autre orateur, dont le genre est différent, le président général des Associations, M. l'abbé Schweitzer, de Cologne, a succédé à l'évêque. Sa voix insinuante, son visage fin et doux, sa parole adroite ont fait une impression manifestement grande sur l'assemblée. Il a donné, lui aussi, d'excellents conseils et prédit de nouveaux succès dans la tâche entreprise.

L'après-midi a été consacrée à la bénédiction des drapeaux, qui a eu lieu à l'issue des vêpres, dans ce bijou architectural, dans ce chef-d'œuvre de gothique primitif, l'église Notre-Dame, contiguë à la cathédrale.

Puis les délégués, agitant leurs enseignes brodées et étalant parfois les costumes les plus pittoresques, ont traversé les rues, sous les regards curieux et les vivats des habitants, entassés aux fenêtres, et ils ont regagné en bon ordre le Treviris, où s'est achevée la soirée. La bière a coulé à flots, comme il convient dans une fête allemande ; mais les oreilles n'étaient pas troublées, ni les langues embarrassées, ni les chants faussés par l'ivresse. Aussi personne ne fut-il surpris de voir Mgr Korum, son coadjuteur, M. le prévôt et un grand nombre d'ecclésiastiques prendre part aux réjouissances, qui se sont prolongées une partie de la nuit.

La cérémonie n'a pas été purement confessionnelle. Elle a revêtu un caractère social. Le gouvernement s'était fait officiellement représenter par un « assesseur », délégué de l'administrateur civil. Il va sans dire que les Autorités locales, le bourgmestre en tête, étaient toutes présentes à la réunion.

Dans une douzaine de jours, Cologne célébrera à son tour un cinquantenaire. Le Congrès des catholiques allemands s'ouvrira, cette année, dans des conditions particulièrement imposantes. Il y aura là matière pour nous, Français, à d'instructives observations. Si Dieu nous prête vie, nous nous rendrons à ces solennelles assises et nous espérons que les lecteurs des *Débats* nous y suivront... de leur bienveillante attention tout au moins.

Le Congrès des Catholiques allemands

Premier article

Cologne, le 25 août [1].

Les voyageurs qui arrivaient samedi, en foule, par la magnifique avenue fluviale du Rhin, avaient un avant-goût des fêtes qui les attendaient. Les rues tortueuses qui s'entre-croisent dans la vieille ville, comme les larges boulevards qui décorent la ville neuve, étaient également pavoisés de drapeaux, tendus de bannières multicolores, artistement festonnés de feuillage, en l'honneur des solennités religieuses qui allaient se célébrer pour la cinquantième fois. Ces réunions agitent toujours vivement l'opinion. Le zèle s'y ranime et l'accord se fait sur la ligne politique à suivre.

L'année dernière, le Congrès avait

1. V. le *Journal des Débats* du 2 septembre 1903.

tenu ses séances à Manheim. On ne pouvait choisir, cette année-ci, un meilleur cadre que Cologne. A l'ombre des tours gothiques de son incomparable cathédrale, dans cette cité peuplée de souvenirs, où surgissent de toutes parts, comme à Rome et à Avignon, les flèches et les coupoles saintes, la fête prend une couleur et un aspect caractéristiques. Partout circulent, en redingote longue, le col sans rabat, le visage plein, l'œil actif, la physionomie populaire sans rien de bas, des prêtres de paroisse accourus de toutes les régions de l'Allemagne. Ils cheminent le plus souvent au milieu de groupes laïques, prennent place sans aucun embarras aux tables de café, où « rougeoie » dans d'énormes bocks la bière de Munich et où grillent d'innombrables cigarettes. On devine un clergé ardent, instruit, plein de vues pratiques, intimement mêlé au monde des travailleurs, et qui a eu évidemment sa large part dans les succès politiques obtenus par les catholiques d'outre-Rhin.

Les cloches les plus sonores du Dôme étaient mises en branle, dimanche matin,

pour annoncer l'ouverture du Congrès.
A une heure de l'après-midi s'organisait
le défilé des corporations ouvrières,
convoquées pour une grande manifesta-
tion. On avait reçu plus de vingt-deux
mille adhésions. La procession des délégués a, durant une heure et demie,
déroulé sous nos yeux sa longue théorie.
Elle évoluait, à travers le labyrinthe des
rues, dans le plus bel ordre, au pas mi-
litaire, les chefs des corporations por-
tant l'image des saints patrons et se faisant ingénument précéder d'un écriteau
sur lequel le public lisait le nom de l'association. Aucun incident n'aurait mar-
qué cette démonstration pieuse, que
précédaient des gardiens de la paix à
cheval, si un groupe de socialistes n'a-
vait eu la pensée d'insulter les manifes-
tants. Mal leur en a pris, car ils ont, la
foule aidant, immédiatement reçu une
sévère correction.

Sur la convocation de M. Custodis,
président du comité local, une première
réunion, dite de présentation, a eu lieu,
le soir, dans la grande salle du Bürger-
gesellschaft. On a pris contact les uns
avec les autres et l'on a ouvert le feu par

quelques discours en forme de prélude ou de répétition générale.

Le lundi commençait la sérieuse besogne des commissions. Un service solennel avait été célébré, le matin, au Dôme. La constitution du bureau appela à la présidence M. de Orterer, qui dirige, à Munich, les débats de la Chambre basse. Il est de tradition de prendre le président du Congrès parmi les membres venus de loin. Cologne n'a pas manqué à cette règle de courtoisie.

Un choix non moins habile a fait monter au siège de la vice-présidence MM. le baron de Statzingen et le comte Praschman, l'un du grand-duché de Bade, l'autre de Silésie. Tous deux font partie de la jeune génération. En leur faisant crédit pour l'âge, en escomptant les services qu'ils sont destinés à rendre un jour, l'assemblée a certainement excité leur zèle, et elle s'est concilié la sympathie de la jeunesse allemande, fière d'être représentée dans l'état-major de l'armée catholique.

Cette jeunesse s'est d'ailleurs montrée, hier, sous le jour le plus pittoresque. De toutes les Universités germaniques, et même de Louvain et de Fribourg, je crois, étaient venus des délégués, qui ont voulu aussi faire une démonstration. La jolie casquette ou le béret classiques distinguaient, selon la couleur, les diverses associations d'étudiants. Parfois des cheveux gris jaillissaient sous la toque. Sans atteindre encore aux années de Chevreul, ces vieux étudiants, disons mieux, ces ex-étudiants faisaient figure respectable et ils étaient accueillis avec une sympathie particulière. Ils suivaient les traditions de Winthorst, qui a toujours tenu à honneur d'étaler ses antécédents universitaires. Quant aux chefs d'associations, rien de plus beau que leurs costumes. Il faudrait aller à Londres et voir le cortège officiel du lord-maire pour se donner à un pareil degré l'illusion du passé. La vieille Allemagne revit dans ces jeunes gars, parés de velours, brodés d'or sur toutes les coutures, et tenant fièrement à la main des bannières, que les femmes allemandes passent la majeure partie de l'année à filer, pour ces belles cérémonies.

Les parades achevées, le travail a tout absorbé, l'après-midi. Comme il fallait

s'y attendre, hélas ! la France a été
prise à partie par un orateur, à propos
de la question des Lieux saints. (Le Gouvernement russe n'a pas été ménagé davantage). On sent que l'Allemagne est
aux aguets pour nous supplanter dans
le protectorat séculaire que nous exer-
çons sur les chrétiens d'Orient, sans
acception de nationalité.

A cinq heures, une séance générale
avait lieu dans un vaste local, en bara-
quements, construit spécialement, près
du Rhin, pour le Congrès et nommé
Festhalle. Je me suis réclamé de ma
qualité de correspondant des *Débats*, et
j'ai obtenu une place excellente. Autour
de moi on s'écrasait. Un public féminin,
ardent et sympathique, occupait de
vastes tribunes, des deux côtés de l'estrade où étaient montées les principales
Notabilités. Le discours présidentiel a
débuté par le salut d'usage : « Loué soit
Jésus-Christ ! ». Il contenait les compliments habituels et il a honoré d'une
mention flatteuse les membres des an-
ciens Congrès que la mort a ravis. Puis
le cardinal-archevêque de Cologne, Mgr
Fischer, a, d'une voix métallique et bien

timbrée, fait entendre de paternels encouragements. Il a rappelé avec quelle sollicitude Léon XIII et Pie X ont suivi la lutte énergique et déjà victorieuse soutenue par le Centre allemand contre un Pouvoir longtemps persécuteur.

Comme il est de tradition dans les Congrès catholiques, la question romaine a fait l'objet d'expresses réserves. M. Rumpf, député de Munich, a protesté en termes mesurés, mais nets, contre la politique unitaire pratiquée en Italie par la Maison de Savoie.

Le Congrès se terminera jeudi. A bientôt la continuation de ce succinct et rapide compte-rendu.

———

Le Congrès des Catholiques allemands

Second article

Cologne, le 28 août 1903 [1].

Jamais l'annonce d'un Congrès n'avait attiré tant de monde, et l'affluence croît de jour en jour. Plusieurs membres de l'épiscopat sont venus des pays voisins, Danemark, Autriche, Italie, témoigner leur sympathie aux croyants assemblés. Un certain nombre de nos compatriotes, mûs par le sentiment qui nous a guidé nous-même, se mêlent discrètement aux groupes. Signalons notamment la présence de deux ecclésiastiques, MM. Muller et Ackermann, qui représenteraient brillamment la France, si une pensée aisée à deviner ne leur interdisait de prendre officiellement place dans une solennité tout allemande.

Les recettes déterminées par cet excé-

1. Voir le *Journal des Débats*, 4 septembre 1903.

dent extraordinaire d'adhérents n'ont pas seulement couvert les frais ; elles profitent, comme le faisait remarquer le *Patriote*, de Bruxelles, à l'Œuvre de Saint Boniface, c'est-à-dire à la préservation religieuse des Allemands catholiques vivant en pays protestant. Les indigents ne sont pas oubliés. Une femme généreuse, Mme la comtesse de Steinlein, de Liège, vient, comme tous les ans, d'affecter aux Œuvres catholiques une somme considérable. Elle l'a fait en mémoire de son mari, qui fut, pendant de longues années, un fidèle des Congrès. Sur cette somme, trois mille marks ont été réservés aux ouvriers pauvres de Cologne.

Dans l'ordre du jour un peu touffu des commissions, tout ne mérite pas une longue mention. Nous ne nous étendrons pas sur la motion faite en faveur de la diffusion de la Presse catholique, sur les mesures de solidarité défensive et de retrait de clientèle préconisées contre les débitants d'écrits irréligieux ou immoraux, sur le conseil, d'ailleurs très sage, donné aux étudiants universitaires, de suivre, pour la sauvegarde de leur foi, un cours de haute philosophie, et aussi de se livrer, pour conquérir l'influence extérieure, à l'étude sérieuse des langues vivantes. Deux propositions nous ont frappé entre toutes. Les voici :

La première invite les chrétiens de marque à entrer dans l'*Augustinus-Verein* et à favoriser ainsi la Presse qui soutient la politique du Centre.

Que faut-il penser, à ce propos, du commerce de coquetterie engagé entre les catholiques du Centre et l'Empereur ? Fera-t-il tourner à leur profit la faveur du Pouvoir, dont toutes les tendances sont luthériennes et qui favorise partout sous main la propagande des pasteurs ? Une communication de l'éminent député silésien M. Porsch fait concevoir des doutes sur l'efficacité de cette tactique.

Un second vœu émis par les sections et ardemment applaudi en séance générale propose l'abrogation de ce qui subsiste encore des lois de proscription. On a annoncé que l'on réclamerait, à la rentrée du Reichstag, le rappel des Jésuites. Le cardinal Ferrari, archevêque de Milan, qui suit les séances du Congrès, a excité une tempête d'enthousiasme en joignant sa voix à celles qui demandent que l'accès de l'Allemagne soit rendu aux disciples de saint Ignace.

Suivant la remarque d'un grand évêque, dont le souvenir vivra longtemps, Mgr Ketteler, la question sociale doit avoir le pas sur tous les autres, dans la préoccupation des catholiques allemands. Aussi la protection des travailleurs agricoles et l'amendement des lois qui régissent l'assurance ouvrière ont ils défrayé de longues séances. Une des plus importantes a été, sous la présidence du grand industriel de Munchen-Gladbach, M. Franz Brandz, consacrée au *Volksverein*. Cette association, si puissamment soutenue par Windhorst, est destinée à enrégimenter des électeurs pour la défense de la liberté religieuse. M. Pieper, secrétaire-général du Congrès, a fait connaître les grands résultats obtenus. Plus richement représentée que jamais, l'Alsace-Lorraine prenait part aux discussions, et l'on a entendu un prêtre de Metz, M. l'abbé Tilly, exposer les progrès réalisés dans le pays lorrain. En deux ans, le chiffre des adhérents est monté de deux à huit mille.

Le député toujours si écouté de Cologne, M. Trimborn, est revenu sur ce sujet. Il a opposé l'action efficace et pacifique de l'association aux belliqueuses et décevantes promesses du socialisme. Il a parlé avec son esprit habituel, un esprit qui a une saveur allemande plutôt qu'attique. Il a eu aussi une note émue et éloquente. Car l'éloquence n'est pas bannie des délibérations même les plus familières. On prend la parole simplement, mais le ton monte sans effort. Là, d'ailleurs, nulle étiquette. Le président, entre deux interventions, roule une cigarette. Les assistants fument comme des Turcs, les membres du clergé donnant les premiers l'exemple. Nous nous attendions à voir arriver les chopes traditionnelles. Ne disons pas de mal de ces honnêtes licences. Elles détendent les nerfs et permettent de supporter sans fatigue les longues discussions.

Mais les grandes bouffées d'éloquence jaillissent dans les séances générales. Le mardi, à cinq heures, la tribune était occupée par un curé de Westphalie, dont la paroisse est enclavée en pays protestant, M. l'abbé Wurms. Il a parlé d'une façon saisissante de l'œuvre des Missions. Vint, ensuite, un membre du haut clergé bavarois, Mgr Schaedler, qui revendiqua l'indépendance des Etats confédérés, garantie par le traité de Berlin, contre l'absorption prussienne, qu'encouragent certains députés du Centre. Les traits mordants de l'orateur partaient dans toutes les directions. Chacun avait son compte, les adversaires de l'autonomie, les socialistes, le Gouvernement lui-même. Seule, la personne de Guillaume II était respectée ; c'est là une tradition. Au plus fort du Kulturkampf, les mêmes hommes qui ne tarissaient pas contre M. de Bismarck et les ministres, mirent toujours hors de cause le Souverain, qui soutenait ces derniers. Nous connaissons des pays où la fiction constitutionnelle est moins scrupuleusement pratiquée.

M. l'abbé Mausbach, professeur à Münster, a traité en artiste le sujet de l'art chrétien ; mais les applaudissements sont allés surtout à Mgr Ferrari.

Le cardinal, n'osant se risquer à parler allemand, nous a fort opportunément donné, dans sa langue natale, un morceau exquis. Il a rappelé les liens qui unissent l'Église de Cologne à celle de Milan. On a admiré ses dons de répartie, sa verve méridionale, et ce tour heureux, ces inversions pleines de force, que l'italien a hérités de la langue latine.

Le mercredi matin, une grave délibération était prise pour lutter contre la féodalité commerciale et protéger le petit commerce. On a réclamé une surélévation d'impôts destinée à paralyser la concurrence faite par les grands magasins.

L'après-midi, à deux heures, une imposante cérémonie nous rassemblait à la cathédrale. Plus de vingt mille personnes prenaient part à une procession, dite *fête des reliques*. Les objets les plus vénérables du culte, conservés au Trésor, avaient été exposés sur l'autel principal. Des cris enthousiastes saluèrent l'arrivée des deux cardinaux officiants. L'orgue entama un cantique allemand, et des milliers de voix répondirent dans un unisson grandiose, avec ces tonalités graves et douces, si frappantes dans le plain-chant germanique, et dont rien ne peut rendre la beauté.

Le soir, à la séance générale, discours de M. Groeber, un des chefs du Centre, sur la protection des servantes, des employés de commerce, des ouvriers agricoles, de l'enfance abandonnée. Discours de M. Lansing, directeur du journal le *Tramonia*, de Dortmund, sur le rôle de la Presse et de l'*Augustinus-Verein*. Il nous apprend que l'Allemagne catholique a aujourd'hui à son service plus de trois cent trente journaux quotidiens.

M. Porsch engage les hommes de foi à se mêler de plus en plus à la vie politique. Enfin un orateur émouvant, le P. Dalmatius, Dominicain de Dusseldorf, énumère les œuvres d'assistance charitables dont les Congrès ont favorisé l'éclosion et il indique en même temps tout le bien qui reste encore à réaliser.

Le jeudi était le jour de la clôture.

A la séance de onze heures, deux professeurs se sont fait entendre. L'un a lu un bon discours relatif à l'enseignement qui convient aux adultes. L'autre a, dans une langue claire, avec une articulation nette, un geste doctoral sans pédantisme, parfaitement posé le problème de l'accord entre la Foi et la Raison. Il a vivement engagé les catholiques à ne pas se laisser devancer sur le terrain scientifique. Ce second orateur était M. le baron de Hertling, et nuls conseils ne pouvaient se faire entendre avec plus d'autorité que les siens.

Le président, M. de Orterer, a prononcé le discours de clôture. Les deux cardinaux, à leur tour, ont tenu à dire adieu aux auditeurs. Mgr Fischer l'a fait avec cette physionomie qui évoque l'image de l'archevêque de Paris. Mgr Ferrari a improvisé quelques mots charmants. *Germanus*, a-t-il dit, ne signifie pas seulement Germain, mais frère. Les fidèles de Cologne doivent donc fraterniser avec ceux qui vivent au delà des Alpes.

Les évêques ont béni l'assemblée, et dix mille personnes se sont séparées en entonnant le *Te Deum*.

Des distractions ont été mêlées au travail sérieux par les promoteurs du Congrès. Le lundi et le mardi, grande réunion des étudiants dans ces fêtes qu'ils nomment *Kommers*. On boit, on fume, on chante en chœur, on prononce des discours frémissants de zèle religieux et patriotique. A un moment donné, les chefs des corporations, assis sur une estrade élevée, se lèvent, ils tirent leurs épées et poussent, au bruit des chopes choquées contre les tables, des *Hoch !* et des *Ewiva !* étourdissants. On dirait la vieille Germanie s'ébranlant, comme au temps d'Arminius, et menaçant un ennemi invisible. Ce tumulte est pittoresque, mais au fond très anodin. L'étudiant allemand a, d'ailleurs, une tenue correcte. Le vrai danger pour lui, c'est la boisson. Quand il a excédé, ce qui n'est pas rare, il a, nous ne disons pas le vin, mais la bière mauvaise. Aussi faut-il applaudir à une délibération du Congrès qui recommande de propager, dans les centres universitaires, les instructions destinées à combattre l'alcoolisme.

Le mercredi, un autre divertissement nous attendait au jardin public de la Flora. De brillantes illuminations dessinaient partout de pieux emblèmes, et le peuple étalait cette grosse gaieté qui est un trait caractéristique de la bonhomie allemande.

La fête de clôture avait lieu le jeudi ;

c'était le jour du banquet, auquel assistèrent les cardinaux, les évêques présents en ville, le prévôt de Trèves et nombre d'Autorités ecclésiastiques ou civiles, y compris le bourgmestre de Cologne, venu à titre officiel. A ce couronnement de fête nous ne pouvions, nous ne devions pas assister. Si près de notre frontière ouverte, à deux pas de cette admirable Alsace et de ce Pays lorrain, « la chair de notre chair, le sang de notre sang », comment nous serions-nous associés aux toasts portés au César allemand ? Nous allons regagner silencieusement la France. Mais ce ne sera pas sans rendre hommage à des hommes de cœur qui savent lutter et souffrir pour leurs croyances. La victoire qu'ils ont laborieusement remportée est un grave enseignement pour les hommes politiques, et, pour les opprimés de tous les pays, un motif de consolation et d'espérance.

TABLE DES MATIÈRES

Imp. Belin, à Montdidier.